Copy To Colour

FLOWERS

Colouring Pages

3

Durlabh eSahitya Corner

1

Hibiscus Flower

Hibiscus Flower Colouring Page

Jasmine Flower

Jasmine Flower Colouring Page

Mountain Laurel Flower

Mountain Laurel Flower
Colouring Page

Lily Flower

Lily Flower Colouring Page

Lotus Flower

Lotus Flower Colouring Page

Magnolia Flower

Magnolia Flower Colouring Page

Silk Orchid Flowers

Silk Orchid Flowers Colouring Page

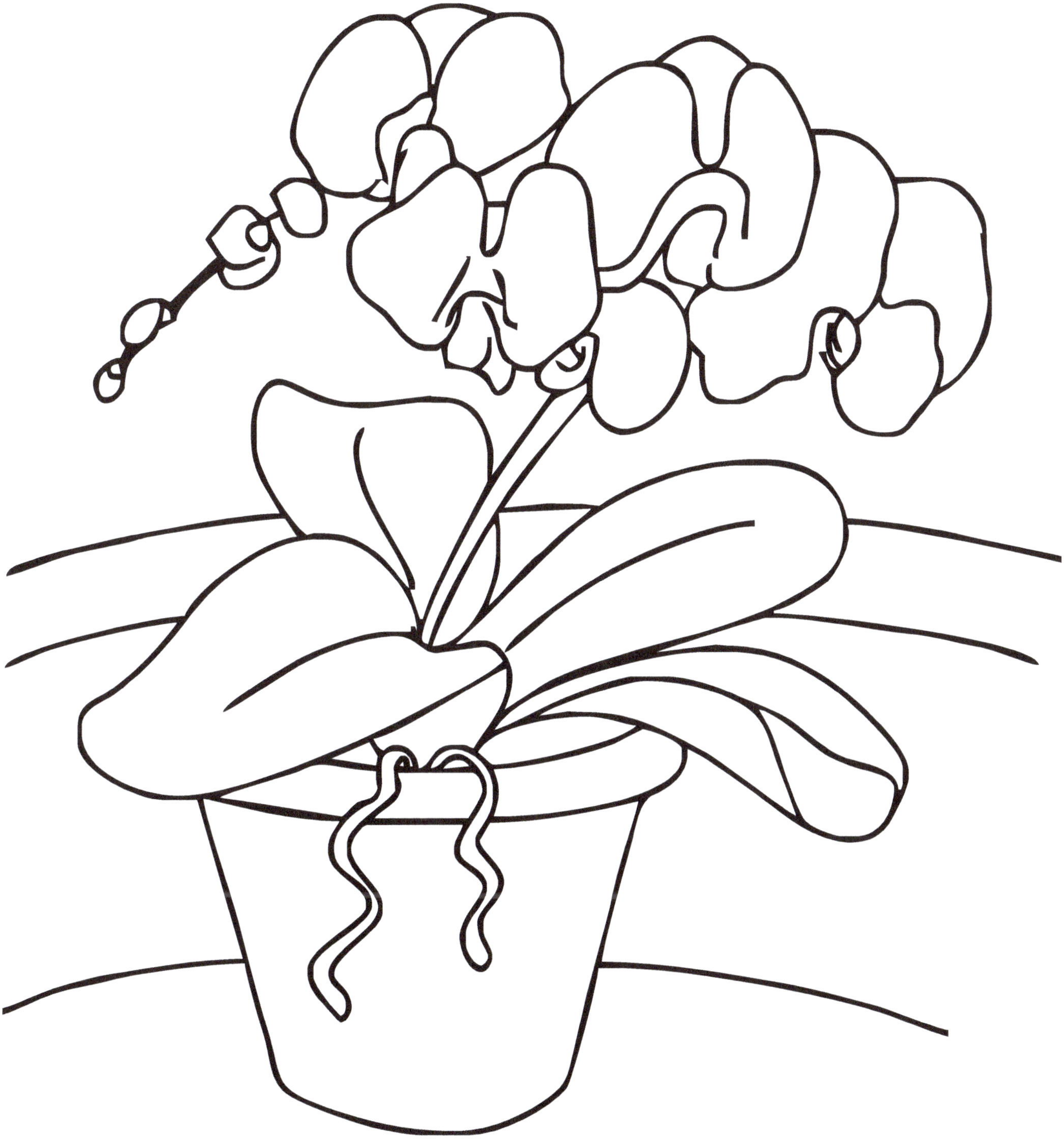

Pansy Flower

Pansy Flower Colouring Page

Pink Peony Flower

Pink Peony Colouring Page

Poppy Flower

Poppy Flower Vase Colouring Page

Rose Abstract Flower

Rose Abstract Colouring Page

Helianthus Flower&Colouring page